Theresa Harrison

Rhumus in Berlin

German translation & adaptation by
Julie Young

Copyright © 2022 Theresa Marrama
Book art by Sumit Roy
All rights reserved.
No part of this publication may be reproduced, stored in a retrieval system, or transmitted, in any form or by any means (electronic, mechanical, photocopying, recording or otherwise), without prior written permission of Theresa Marrama.
ISBN: 978-1-7379772-9-2

Our greatest weakness lies in giving up. The most certain way to succeed is always to try just one more time.
— **Thomas A. Edison**

INHALTSVERZEICHNIS

Kapitel 1 : Rhumus 1
Kapitel 2 : Ein lautes Geräusch 5
Kapitel 3 : „Wo ist meine Familie?"....................... 11
Kapitel 4 : Rhumus sucht seine familie 14
Kapitel 5 : Unter dem Brandenburger Tor 17
Kapitel 6 : Vor dem Reichstag 23
Kapitel 7 : Auf der Museumsinsel 28
Kapitel 8 : Vor dem Berliner Dom 34
Kapitel 9 : In der Nähe des Fernsehturms........... 42
Kapitel 10 : Am Alexanderplatz 49
Kapitel 11 : Neben der East-Side Gallery 56
Glossar 61

ACKNOWLEDGMENTS

A big **DANKE** to the following people:
Julie Young and Brigitte Kahn.

Not only did all of you provide great feedback but your support and encouragement were amazing while writing this novel.

Kapitel 1
Rhumus

Das ist die Geschichte von Rhumus. Rhumus ist eine Ratte. Rhumus ist zwei Jahre alt.

Rhumus hat nicht die gleiche[1] Farbe wie die anderen Ratten. Rhumus ist weiß, und er hat rote Augen. Rhumus ist nicht wie die anderen Ratten. Er ist sehr intelligent. Er kann schreiben. Er kann lesen. Seine Eltern sind nicht wie die anderen Ratten. Sein Vater kann lesen und schreiben. Seine Mutter kann auch lesen und schreiben.

Rhumus wohnt in Deutschland. Er wohnt in Berlin. Ja, Berlin! Berlin ist die Hauptstadt von Deutschland. Berlin liegt im Nordosten von Deutschland und ist eine sehr berühmte Stadt.

---

[1] gleiche - same

Es gibt viele Touristen in Berlin. Touristen mögen Berlin, denn es gibt dort viele Sehenswürdigkeiten. In Berlin gibt es auch viele Ratten. Die Touristen mögen keine Ratten. Die Menschen, die in Berlin wohnen, mögen auch keine Ratten.

Kapitel 2
Ein lautes Geräusch

In Berlin gibt es eine ganze Welt unter den Straßen. Viele kleine Tiere wohnen unter den Straßen von Berlin. Viele Ratten wohnen unter den Straßen von Berlin. Rhumus wohnt mit seiner Familie unter den Straßen von Berlin. Er wohnt mit seiner Mutter und seinem Vater unter den Straßen von Berlin.

Es ist 10 Uhr morgens. Es gibt viel Lärm[2] in Berlin. Es gibt viele Touristen. Die ganze Welt will Berlin besuchen. Rhumus ist unter einer Straße in Berlin

---

[2] Lärm - noise

mit seiner Familie und den anderen Ratten. Die Ratten hören die ganze Zeit viel Lärm. Viel Lärm ist normal für Ratten. Aber plötzlich gibt es ein ganz lautes Geräusch. Es ist ein schreckliches Geräusch! Es ist eine Explosion! Rhumus hält sich die Ohren zu. Er mag dieses Geräusch nicht. Dieses Geräusch ist nicht normal. Dieses Geräusch tut ihm in den Ohren weh. Alle Ratten hören das schreckliche Geräusch. Rhumus versteht nicht[3]. Er schaut seinen Vater an und sagt:

- Mir tun die Ohren weh! Was ist das für ein Geräusch, Papa? Das ist

---

[3] versteht nicht - doesn't understand

schrecklich! Es tut mir in den Ohren weh!

Sein Vater schaut Rhumus mit großen Augen an. Sein Vater schaut die Mutter von Rhumus mit großen Augen an.

-Das ist eine Explosion!", antwortet sein Vater.

Sein Vater hat Angst. Rhumus hat auch Angst. Sein Vater sagt zu ihm:

-Rhumus, ich glaube, dass alle Ratten in Gefahr sind! Das war eine große Explosion!

RENN! RHUMUS! RENN!

Aber in diesem Moment hat Rhumus ein Problem. Er kann nichts hören. Er schaut seinen Vater an. Er sieht, dass sein Vater spricht, aber er hört seinen Vater nicht. Er schaut hinter sich. Alle Ratten rennen. Er dreht sich um, aber sein Vater und seine Mutter sind nicht da.

Wo sind meine Eltern?, fragt sich Rhumus.

Es rennen viele Ratten herum. Rhumus schaut nach vorne. Rhumus schaut nach rechts. Rhumus schaut nach links. Rhumus schaut die anderen Ratten an, aber er sieht seine Familie nicht!

Wo ist meine Familie?, fragt sich Rhumus.

- Mama! Papa!, ruft Rhumus.

Die anderen Ratten rennen schnell. Aber nicht Rhumus. Rhumus rennt nicht. Rhumus hört nichts. Rhumus hat Angst. Seit dem lauten Geräusch ist Rhumus taub.

Was ist das Problem? Warum kann ich nichts hören? Wo ist meine Familie?, fragt er sich.

Kapitel 3
„Wo ist meine Familie?"

Rhumus ist nicht glücklich. Er ist allein. Er ist traurig. Er ist traurig, denn er weiß nicht, wo seine Familie ist. Er ist auch frustriert. Er ist sehr frustriert, denn er hört nichts!

Er ist taub. Rhumus will seine Familie finden. Er will nicht allein sein. Er will bei seiner Mama und seinem Papa sein.

Ich will meine Familie wiedersehen. Ich habe Angst, wenn ich allein bin, und ich will nicht allein sein, denkt Rhumus.

Rhumus kann lesen. Er hat eine Idee. Er sucht einen Stadtplan von Berlin auf der Straße. Es gibt viele Touristen in Berlin. Rhumus sieht oft Stadtpläne auf den Straßen von Berlin. Er sucht und sucht und dann findet er einen Stadtplan! Er schaut sich den Stadtplan von Berlin an und fragt sich:

Wo ist meine Familie? Wo werde ich meine Familie wiederfinden?

Kapitel 4
Rhumus sucht seine Familie

Rhumus schaut sich den Stadtplan von Berlin an. Es gibt keine Menschen auf der Straße. Es gibt auch keine Ratten auf der Straße. Das ist seltsam. Normalerweise gibt es viele Menschen in Berlin. Es ist eine Stadt mit vielen Aktivitäten. Es gibt viele Menschen, die in den Cafés essen. Es gibt viele Touristen, die die Sehenswürdigkeiten von Berlin besuchen. Es gibt viele Ratten, die durch die Straßen rennen.

Rhumus hat Angst. Er ist allein. Er weiß nicht, wo die anderen Ratten sind. Er weiß nicht, wo seine Familie ist. Er ist immer noch taub. Er kann nichts hören! Er will seine Eltern wiederfinden.

Rhumus schaut sich den Plan an. Er sieht die Straße, wo er jetzt ist. Er geht schweigend. Er geht schweigend[4], denn er ist allein, und er ist taub. In Berlin ist es Nacht. Normalerweise ist alles dunkel in der Nacht, aber nicht in Berlin. Es gibt viele Lichter nachts in Berlin. Es gibt viele Restaurants und Clubs. Es ist nicht dunkel. Es ist sehr hell.

---

[4] schweigend - silently

Rhumus geht und geht und geht. Dann sieht er ein großes Objekt in der Ferne[5]. Er sieht ein großes Licht. Er geht auf das große Licht zu.

---

[5] in der Ferne - in the distance

Kapitel 5
Unter dem Brandenburger Tor

In Berlin gibt es ein sehr berühmtes Monument. Es ist ein sehr großes Tor, und es ist nachts beleuchtet[6]. Es heißt das Brandenburger Tor und ist das Symbol von Berlin. Das Tor ist bei Berlins jährlichen 12 Millionen Besuchern sehr populär. Jeder will das Brandenburger Tor in Berlin sehen.

Rhumus rennt zum Brandenburger Tor. Er rennt unter dem Tor herum.

---

[6] beleuchtet - illuminated, lit up

Er sucht seine Familie. Es gibt viele Ratten, die unter dem Brandenburger Tor wohnen.

Ist meine Familie unter dem Brandenburger Tor?, fragt sich Rhumus.

Rhumus schaut das Tor an. Es ist hoch! Nein, es ist sehr hoch. Das Tor ist sehr, sehr hoch für eine kleine Ratte! Er sucht überall nach seiner Familie. Er sieht seine Familie nicht. Er sieht auch keine anderen Ratten. Das ist aber seltsam!

Wo ist meine Familie? Sucht meine Familie nach mir? Warum kann ich meine Familie nicht finden? Und wo sind die anderen Ratten?, fragt sich Rhumus traurig.

Rhumus denkt nach. Er sieht ein Stück Papier auf dem Boden. Er hat eine Idee.

Er schreibt eine Nachricht. Er schreibt eine Nachricht für seine Familie auf das Papier.

Er schreibt:

Liebe Familie,

Ich suche euch überall in Berlin. Ich bin unter dem Brandenburger Tor. Danach werde ich zum Reichstag gehen. Bitte findet mich!

Rhumus

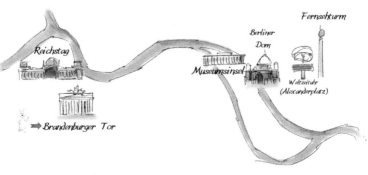

Kapitel 6
Vor dem Reichstag

Das Reichstagsgebäude wurde 1894 für das deutsche Parlament erbaut[7]. Das Gebäude hat eine berühmte Glaskuppel[8]. Besucher können dem Parlament beim Arbeiten zuschauen. 6.000 Menschen arbeiten hier.

Rhumus sieht den Plan an, um den Reichstag zu finden. Er geht zum Reichstag. Er geht zum Reichstag, denn er will seine Familie wiederfinden. Es

---

[7] Das Reichstagsgebäude wurde 1894 für das deutsche Parlament erbaut - the Reichstag building was built in 1894 for the German Parliament.
[8] Glaskuppel - glass dome

gibt viele Ratten, die unter den Straßen vor dem Reichstag wohnen. Er sucht überall nach seiner Familie. Er sieht seine Familie nicht. Er sieht auch keine anderen Ratten. Das ist sehr seltsam.

Ist meine Familie vor dem Reichstag? Sucht meine Familie nach mir? Warum kann ich meine Familie nicht finden? Und...warum gibt es keine anderen Ratten?, fragt sich Rhumus traurig.

Rhumus denkt lange nach. Dann hat er eine Idee. Er kann eine andere Nachricht schreiben. Er schreibt eine andere Nachricht für seine Familie auf ein Stück Papier.

Er schreibt:

Liebe Familie,

Ich suche euch überall in Berlin. Ich habe euch unter dem Brandenburger Tor gesucht. Ich habe euch vor dem Reichstag gesucht. Ich gehe jetzt zur Museumsinsel. Wenn ihr dieses Papier findet, sucht mich dort. Ich liebe euch!

Rhumus

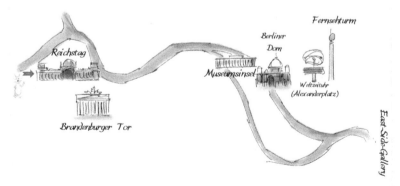

Kapitel 7
Auf der Museumsinsel

Es gibt eine sehr berühmte, historische Museumsinsel in Berlin. Die Museumsinsel ist ein UNESCO-Weltkulturerbe[9] und besteht aus[10] dem Alten Museum, dem Neuen Museum, der Alten Nationalgalerie, dem Bode-Museum und dem Pergamonmuseum. Die Museumsinsel ist bei den Touristen sehr populär und hat jährlich mehr als 3 Millionen Besucher.

---

[9] Weltkulturerbe - World Heritage Site
[10] besteht aus - consists of

Rhumus sieht den Plan an, um die Museumsinsel zu finden. Er geht zur Museumsinsel. Er geht zur Museumsinsel, denn er will seine Familie wiedersehen. Es gibt viele Ratten, die unter den Straßen in der Nähe von der Museumsinsel wohnen. Er sucht überall nach seiner Familie. Er sieht seine Familie nicht. Er sieht auch keine anderen Ratten. Das ist aber seltsam!

Ist meine Familie auf der Museumsinsel? Wo ist meine Familie? Sucht meine Familie nach mir? Warum kann ich meine Familie nicht finden? Und wo sind die anderen Ratten?, fragt sich Rhumus traurig.

Rhumus denkt nach. Er hat eine Idee. Er kann noch eine Nachricht schreiben. Er schreibt noch eine Nachricht für seine Familie auf ein Stück Papier.

Er schreibt:

Liebe Familie,

Ich suche euch überall in Berlin. Ich habe euch unter dem Brandenburger Tor gesucht. Ich habe euch vor dem Reichstag gesucht. Ich habe euch auf der Museumsinsel gesucht. Jetzt gehe ich zum Berliner Dom. Wenn ihr dieses Papier findet, trefft mich dort! Ich liebe euch!

Rhumus

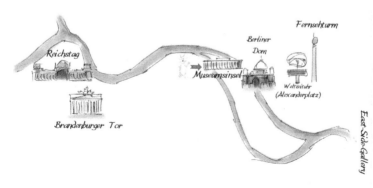

Kapitel 8
Vor dem Berliner Dom

Es gibt in Berlin einen sehr berühmten Dom. Der Berliner Dom ist auf der Museumsinsel. Viele Menschen besuchen den Dom, denn er ist ein Publikumsmagnet. Der deutsche Kaiser Wilhelm II ließ den Berliner Dom mit seiner riesigen Kuppel bauen[11].

---

[11] Der deutsche Kaiser Wilhelm II ließ den Berliner Dom mit seiner riesigen Kuppel bauen - the German Emperor Wilhelm II, had the Berliner Dom with its huge dome built

Rhumus sieht den Plan an, um den Berliner Dom zu finden. Rhumus geht zum Berliner Dom. Er geht zum Berliner Dom, um seine Familie wiederzufinden. Es gibt viele Ratten, die unter den Straßen vor dem Berliner Dom wohnen. Er sucht seine Familie, aber er sieht seine Familie nicht. Er sieht auch keine anderen Ratten.

Warum kann ich meine Familie nicht wiederfinden? Sucht meine Familie nach mir? Sind sie in Gefahr?, fragt sich Rhumus nervös.

Rhumus ist sehr traurig. Er beginnt zu weinen[12]. Er will nicht allein sein. Er ist immer noch taub. Er kann nichts hören. Er schaut sich um, und plötzlich sieht er ein Tier. Es ist ein kleines Tier.

Ist das eine Ratte?, denkt Rhumus.

Das Tier geht auf Rhumus zu. Eine Sekunde später[13] kann Rhumus das Tier gut sehen. Es ist keine Ratte. Es ist kein kleines Tier. Das ist eine Katze! Es ist eine sehr große Katze! Rhumus ist sehr nervös. Er hat Angst.

---

[12] weinen - to cry
[13] später - later

Oh, nein! Eine Katze! Katzen hassen Ratten! Katzen greifen Ratten an[14], denkt Rhumus.

---
[14] greifen Ratten an - attack rats

Rhumus rennt in die andere Richtung. Er rennt schnell. Dann schaut er hinter sich. Er sieht die Katze nicht mehr. In diesem Moment denkt er, dass er eine weitere Nachricht an seine Familie schreiben will.

Liebe Familie,

Ich suche euch überall in Berlin. Ich habe euch unter dem Brandenburger Tor gesucht. Ich habe euch vor dem Reichstag gesucht. Ich habe euch auf der Museumsinsel gesucht. Ich habe euch vor dem Berliner Dom gesucht. Ich will euch wiederfinden. Ich gehe jetzt zum Fernsehturm. Wenn ihr dieses Papier findet, bitte trefft mich dort. Ich liebe euch!

Rhumus

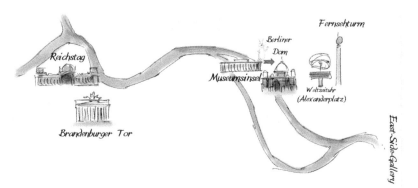

Kapitel 9
In der Nähe des Fernsehturms

Der Berliner Fernsehturm ist 368 Meter hoch und das höchste Gebäude Deutschlands. Der Turm ist im Osten der Stadt und wurde zu DDR-Zeiten erbaut[15]. Er ist von überall in Berlin aus gut zu sehen. Hoch oben ist ein Drehrestaurant[16]. Es dreht sich einmal in einer halben Stunde, und man kann beim Essen die ganze Stadt sehen.

---

[15] wurde zu DDR-Zeiten erbaut - was built during the time of the East German State.
[16] Drehrestaurant - revolving restaurant

Rhumus sieht den Plan an, um den Fernsehturm zu finden. Rhumus geht zum Fernsehturm. Er geht zum Fernsehturm, um seine Familie wiederzufinden. Es gibt viele Ratten, die unter den Straßen in der Nähe des Fernsehturms wohnen. Er sucht seine Familie, aber er sieht seine Familie nicht. Er sieht auch keine anderen Ratten. Er sieht viele Touristen, aber er will keine Touristen sehen. Er will seine Familie wiedersehen.

Ist meine Familie in Gefahr? Sucht meine Familie nach mir?, fragt sich Rhumus nervös.

Rhumus geht um den Turm herum. Er sieht den Turm an. Der Turm ist sehr, sehr hoch. Rhumus sucht überall nach seiner Familie. Er sieht seine Familie nicht.

Wo ist meine Familie? Warum kann ich meine Familie nicht wiederfinden? Und warum gibt es keine anderen Ratten? Das ist seltsam!, denkt Rhumus nervös.

Rhumus ist nervös. Er hört immer noch nichts. Er ist taub. Er will nur seine Familie wiedersehen! Er schreibt eine weitere Nachricht auf ein Stück Papier.

Liebe Familie,

Ich habe euch überall in Berlin gesucht. Ich habe euch unter dem Brandenburger Tor gesucht. Ich habe euch vor dem Reichstag gesucht. Ich habe euch auf der Museumsinsel gesucht. Ich habe euch vor dem Berliner Dom gesucht. Ich habe euch in der Nähe des Fernsehturms gesucht. Ich gehe jetzt zum Alexanderplatz. Wenn ihr dieses Papier findet, bitte trefft mich dort. Ich liebe euch!

Rhumus

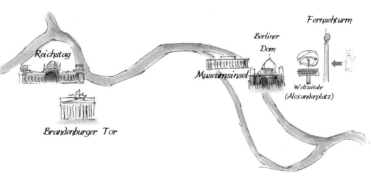

Kapitel 10
Am Alexanderplatz

Berlins Alexanderplatz ist auch im Osten der Stadt und ein sehr berühmter Platz in Berlin. Die Berliner sagen nur 'Alex'. Am Alexanderplatz gibt es die berühmte Weltzeituhr. Sie ist ein sehr populärer Treffpunkt von Berlinern und Touristen.

Rhumus sieht den Plan an, um den Alexanderplatz zu finden. Er findet den Alexanderplatz auf dem Plan. Er geht in Richtung Alexanderplatz. Er will nur seine Familie wiederfinden. Es gibt viele Ratten, die in den Straßen unter dem Alexanderplatz wohnen. Rhumus hat Angst. Es ist sehr dunkel am Alexanderplatz. Er hat Angst. Er schaut nach links. Er schaut nach rechts. Er schaut hinter sich. Er schaut vor sich.

Ich will nicht mehr allein sein. Ich will meine Familie finden. Sieht meine Familie meine Nachrichten?, fragt sich Rhumus traurig.

Rhumus hat Angst. Es ist dunkel hier am Alexanderplatz. Plötzlich sieht er ein Stück Papier auf dem Boden. Er schaut das Papier an. Es ist eine Nachricht. Er schaut die Nachricht an.

Lieber Rhumus,

Wir suchen dich überall in Berlin. Es gab eine große Explosion, um alle Ratten in Berlin zu vernichten[17]. Wir haben am Alexanderplatz gesucht. Deine Mutter und ich gehen jetzt zur Weltzeituhr, um nach dir zu suchen. Wenn du diese Nachricht findest, finde uns bei der Weltzeituhr! Wir lieben dich.

Dein Papa und deine Mama

Eine Nachricht von meinen Eltern! Sie sind nicht in Gefahr! Sie

---

[17] vernichten - to exterminate (here)

suchen mich! Sie sind bei der Weltzeituhr!, denkt Rhumus glücklich.

Er rennt. Er rennt schnell zur Weltzeituhr. Als er vor der Weltzeituhr ankommt, sieht er plötzlich die Silhouette eines Tieres. Es ist die Katze! Es ist die Katze, die hinter ihm her war. Er sieht die Katze an und rennt schnell hinter die Weltzeituhr. In diesem Moment sieht er eine andere Ratte. Die Ratte geht auf Rhumus zu.

Papa! Papa!! Ich habe dich wiedergefunden! Da ist eine Katze! Es ist eine sehr große Katze!, ruft Rhumus.

Rhumus rennt mit seinem Vater. Die Katze rennt ihnen

hinterher. Aber...zum ersten Mal seit der Explosion hat Rhumus keine Angst. Er hat seinen Vater wiedergefunden!

Rhumus rennt schnell. Sein Vater rennt schnell neben ihm. Rhumus schaut hinter sich. Er sieht die Katze nicht. Rhumus schaut seinen Vater an und ruft:

Papa, ich sehe die Katze nicht!

Sein Vater schaut hinter sich. Er sieht die Katze auch nicht. Die beiden Ratten rennen nicht mehr.

Rhumus, geht's dir gut?, fragt sein Vater.

Rhumus antwortet nicht. Er zeigt mit dem Finger[18] auf seine Ohren. Sein Vater sieht, dass Rhumus nichts hört. Er ist immer noch taub. Er küsst Rhumus. Er schreibt auf ein Stück Papier.

Rhumus,

Deine Mutter ist neben der East-Side-Gallery. Sie will dich sehen.

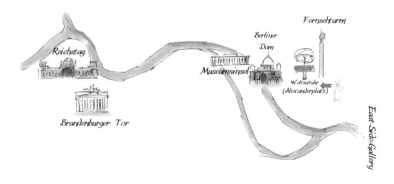

---

[18] zeigt mit dem Finger auf - points to

Kapitel 11
Neben der East-Side-Gallery

Die East-Side-Gallery ist ein 1,3 Kilometer langes Stück der Berliner Mauer[19]. Die Open-Air-Galerie steht unter Denkmalschutz[20] und sie ist bei jungen Touristen sehr populär. Das Mauerstück liegt direkt an der Spree[21] und wurde von 118 Künstlern aus 21 Ländern bemalt[22].

---

[19] Berliner Mauer - Berlin wall
[20] steht unter Denkmalschutz - is a protected building
[21] Spree - river that runs through Berlin
[22] wurde von 118 Künstlern aus 21 Ländern bemalt - has been painted by 118 artists from 21 countries

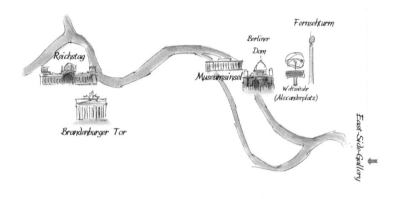

Rhumus geht mit seinem Papa in Richtung der East-Side-Gallery. Plötzlich sieht er seine Mama. Sie geht sofort zu Rhumus. Sie küsst ihn, und sie ist sehr glücklich. Rhumus ist auch sehr glücklich.

Rhumus sagt:

Ich habe euch überall in Berlin gesucht. Ich habe mir den Stadtplan angesehen. Ich bin zu allen Sehenswürdigkeiten gegangen, um euch zu finden. Ich habe eure Nachricht am Alexanderplatz gefunden. Ich bin seit der Explosion taub.

Seine Mutter schreibt eine Nachricht für Rhumus, denn er kann nicht hören. Er kann aber lesen.

Ja, die Explosion hat dir in den Ohren wehgetan. Du wirst wieder hören. Mit der Zeit wirst du wieder hören. Wir sind zusammen! Ratten sind in Gefahr in Berlin, aber Ratten sind zusammen stark. Wir sind zusammen, und alles wird wieder gut!

Glossar

A
aber: but
Aktivitäten: activities
alle(n): all
allein: alone
alles: everything
als: as
alt(en): old
am: on the
an: on
andere(n): other
angesehen: looked at
Angst: fear
ankommt: arrives
antwortet: answers
arbeiten: work
auch: also
auf: on
Augen: eyes
aus: from

B
bauen: build
beginnt: begins
bei: at
beiden: both
beim: at the
beleuchtet: illuminated, lit up
bemalt: painted
berühmte(n)(r)(s): famous
besteht: consists of
besuchen: visit
Besucher(n): visitors
bin:(I) am
bitte: please
Boden: ground

C
cafés - cafes

D

da: there
danach: after that
dann: then
das: the
dass: that
DDR: former East Germany
dein(e): your
dem: the
den: the
Denkmalschutz: historical protection
denkt: thinks
denn: because
der: the
des: of the
deutsche: German
Deutschland(s): Germany(s)
dich: you
die: the
diese(m)(s): this
dir: to you
direkt: direct
Dom: cathedral
dort: there
Drehrestaurant: revolving restaurant
dreht: revolves
du: you
dunkel: dark
durch: through

E

ein(e)(en)(er)(es): a
einmal: one time
Eltern: parents
er: he
erbaut: built
ersten: first
es: it
essen: eat
euch: you guys
eure: your (pl)
Explosion: explosion

F

Familie: family
Farbe: color
(in der) ferne: in the distance

Fernsehturm(s): T.V. tower
finde: I find
finden: find
findest: you find
findet: (you guys) find
Finger: finger
fragt: asks
frustriert: frustrated

G

(es) gab: there was
Galerie: gallery
ganz(e): entire
Gefahr: danger
gefunden: found
gegangen: went
gehe: I go
gehen: go
geht: goes
Geschichte: story
gesucht: looked for
(es) gibt: there is
Geräusch: noise

Glaskuppel: glass dome
glaube: I believe
gleiche: same
glücklich: happy
greifen: attack
große(n)(s): big
gut: good

H

habe: have
haben: have
halben: half
hält sich: holds
hassen: hate
hat: has
Hauptstadt: capital city
heißt: is called
hell: bright
(hinter ihm) her: after (him)
herum: around
hier: here
hinter: behind
hinterher: after (them)

historische: historical
hoch: high
höchste: highest
hören: to hear
hört: hears

I
ich: I
Idee: idea
ihm: him
ihn: him
ihnen: them
ihr: you guys
II: the second (Roman numerals)
im: in the
immer: always
in: in
intelligent: intelligent
ist: is

J
ja: yes
Jahre: years
jährlich(en): annually
jeder: everyone
jetzt: now
jungen: young

K
Kaiser: emperor
kann: can
Kapitel: chapter
Katze(n): cat(s)
kein(e): none
Kilometer: kilometer
kleine(s): small
können: can
Künstlern: artists
Kuppel: dome
küsst: kisses

L
Lärm: noise
lange: long
lauten: loud
lautes: loud
lesen: read
Licht(er): light(s)

liebe: I love
lieben: love
lieber: dear
liegt: is located
links: left

M

mag: likes
(zum ersten) Mal: (for the first) time
Mama: mom
man: one
Mauer: wall
Mauerstück: piece of the wall
mehr: more
meine(n): mine
Menschen: people
Meter: meter
mich: me
Millionen: million
mir: to me
mit: with
mögen: like
Moment: moment
Monument: monument
morgens: in the morning
Museum: museum
Museumsinsel: museum island
Mutter: mother

N

(in der) Nähe: nearby
(sucht) nach: looks for
nach (links): to the (left)
Nachricht(en): message(s)
Nacht: night
nachts: at night
Nationalgalerie: national gallery
neben: next to
nein: no
nervös: nervous
neuen: new
nicht: not
nichts: nothing
noch: still

Nordosten: north east
normal: normal
normalerweise: normally
nur: only

O
oben: above
Objekt: object
oft: often
Ohren: ears
Osten: east

P
Papa: dad
Papier: paper
Parlament: parliament
plötzlich: suddenly
Plan: plan
Platz: square
populärer: popular
Problem: problem
Publikumsmagnet: public attraction

R
Ratte(n): rat(s)
rechts: right
Reichstag: parliament
Reichstagsgebäude: Parliament Building
renn: run
rennen: run
rennt: runs
Restaurants: restaurants
Richtung: direction
riesigen: huge
rote: red
ruft: calls out

S
sagen: say
sagt: says
schaut: looks
schnell: quickly, fast
schrecklich(e)(es): terrible
schreiben: write
schreibt: writes

schweigend: silently
sehe: I see
sehen: see
Sehenswürdigkeiten: sights (to see)
sehr: very
sein(e)(em)(en)(er): his
seit: since
Sekunde: second
seltsam: strange
sich: himself
sie: she, they
sieht: sees
Silhouette: silhouette
sind: are
sofort: immediately
später: later
Spree: river in Berlin
spricht: speaks
Stadt: city
Stadtplan: city map
Stadtpläne: city maps
stark: strong
steht: stands
Straße(n): street(s)
Stück: piece
Stunde: hour
suche: look for
suchen: look for
sucht: looks for
Symbol: symbol

T

taub: deaf
Tier(e)(es): animal(s)
Tor: gate
Touristen: tourists
traurig: sad
Treffpunkt: meeting point
trefft: (you guys) meet
tun (weh): hurt
Turm: tower
tut (weh): hurts

U
überall: everywhere
Uhr: clock, o'clock
um...(zu): in order to
und: and
UNESCO: United Nations Educational, Scientific and Cultural Organization
uns: us
unter: under

V
Vater: father
vernichten: destroy, exterminate
versteht: understands
viel(e)(en): lots of
von: of
vor: in front of
vorne: to the front

W
war: was
warum: why
was: what
weh: hurts
wehgetan: hurt yourself
weiß: white
weiß: I, s/he knows
weinen: cry
weitere: further, another
Welt: world
Weltkulturerbe: world heritage site
Weltzeituhr: world clock
wenn: if
werde: will
wie: like
wieder: again
wiederfinden: find again
wiedergefunden: found again
wiedersehen: see again

wiederzufinden: to find again
Wilhelm: William
will: wants

wir: we
wird: will
wirst: you will
wo: where
wohnen: live
wohnt: lives
wurde: would

Z
zeigt: shows, points
Zeit(en): time(s)
zu: to
zum: to the
zur: to the
zusammen: together
zuschauen: to watch
zwei: two

ABOUT THE AUTHOR

Theresa Marrama is a French teacher in northern New York. She has been teaching French to middle and high school students since 2007. She has is also the author of many language learner novels and has also translated a variety of Spanish comprehensible readers into French. She enjoys teaching with Comprehensible Input and writing comprehensible stories for language learners.

HER BOOKS INCLUDE:
Une Obsession dangereuse, which can be purchased at www.fluencymatters.com

HER FRENCH BOOKS ON AMAZON INCLUDE:
Une disparition mystérieuse
L'île au trésor:
Première partie: La malédiction de l'île Oak
L'île au trésor:
Deuxième partie: La découverte d'un secret
La lettre
Léo et Anton
La Maison du 13 rue Verdon
Mystère au Louvre
Perdue dans les catacombes
Les chaussettes de Tito
L'accident

Kobe - Naissance d'une légende
Kobe - Naissance d'une légende (au passé)
Le Château de Chambord : Première partie : Secrets d'une famille
Zeinixx
La leçon de chocolat
Un secret de famille
Rhumus à Paris

HER SPANISH BOOKS ON AMAZON INCLUDE:
La ofrenda de Sofía
Una desaparición misteriosa
Luis y Antonio
La Carta
La casa en la calle Verdón
La isla del tesoro:Primera parte: La maldición de la isla Oak
La isla del tesoro: Segunda parte: El descubrimiento de un secreto
Misterio en el museo
Los calcetines de Naby
El accidente
Kobe - El nacimiento de una leyenda (en tiempo presente)
Kobe - El nacimiento de una leyenda (en tiempo pasado)
La lección del chocolate
Un secreto de familia
Rhumus en Madrid

HER GERMAN BOOKS ON AMAZON INCLUDE:
Leona und Anna
Geräusche im Wald
Der Brief

Nachts im Museum
Die Stutzen von Tito
Der Unfall
Kobe - Geburt einer Legende
Kobe - Geburt einer Legende (Past Tense)
Das Haus Nummer 13
Schokolade
Avas Tagebuch

HER ITALIAN BOOKS ON AMAZON INCLUDE:
Luigi e Antonio
I calzini di Naby
Rhumus a Roma

HER ENGLISH BOOKS ON AMAZON INCLUDE:
Luis and Antonio
The mysterious disappearance
Rhumus in Paris

Check out her website for more resources and materials to accompany her books:
www.compellinglanguagecorner.com

Check out her Digital E-Books:
www.digilangua.co

Made in the USA
Las Vegas, NV
31 August 2022

54474927R00046